Stefanie Zysk

Meine Zwerg-kaninchen

So werdet ihr die besten Freunde.

Verstehen und Erleben. Malen und Gestalten.

Liebe Eltern!

Ein Haustier richtig zu versorgen, ist für ein Kind nicht einfach. Auch wenn es sich noch so liebevoll um seine Kaninchen kümmert, braucht es Unterstützung bei der Haltung und Pflege. Helfen Sie Ihrem Kind, die Kaninchen gut zu versorgen. So lernt es, Verantwortung für ein anderes Lebewesen zu übernehmen und es richtig zu pflegen. Schon bald werden die Tiere ein Gewinn für die ganze Familie sein.

Wichtiges für Kaninchen-Freunde!

Nun ist dein Traum von einem eigenen Haustier wahr geworden! Und du hast nicht nur ein Kaninchen, sondern gleich zwei! Wenn du Glück hast, sind es sogar drei! Kaninchen leben im Rudel zusammen, deshalb darfst du sie nie alleine halten. Ein einzelnes Kaninchen wäre einsam und unglücklich, egal wie gut du dich darum kümmerst. Es braucht immer einen Artgenossen.

Am Anfang ist es für deine Kaninchen sehr aufregend bei dir zu Hause. Alles ist neu und sie müssen dich und die neue Umgebung erst kennen lernen. Dafür brauchen sie Zeit und Ruhe! Es wird ein wenig dauern, bis sie sich richtig sicher fühlen. Sorge dafür, dass sie immer frisches Futter und Wasser bekommen und der Käfig sauber ist. Sobald sie sich an dich gewöhnt haben, werden sie gerne mit dir kuscheln und spielen.

Das findest du in diesem Buch

Hallo, da sind wir!
Mein Name ist 6
Das ist Familie Kaninchen 8
Meine Kaninchen-Freunde 11
Auf ins Zoogeschäft 12
Die ersten Tage mit meinen Kaninchen .. 14
So wird mein Zimmer kaninchensicher .. 16
Ausflug ins Grüne 19

Ran ans Futter
Am liebsten Gräser
und Heu 23
Meine Kaninchen-
Speisekarte 24
Mini-Futtergarten
selbstgemacht 25
Mit dem Essen spielt
man doch! 26

Komm, lass uns spielen
Kaninchenspiele
selbst gemacht 29
Zeit für Rätsel 30
Kuscheln und Schmusen 33

Das bin ich
Verstehst du die Kaninchensprache? 34
Kaninchen pflegen 36
Mit allen Sinnen 38
Gesund oder krank? 40
Bist du ein Kaninchen-Experte? 42
Dein Türanhänger zum Ausschneiden 45

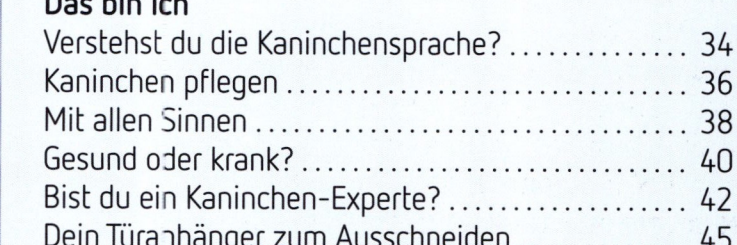

Mein Name ist ...

Herkunft:	Spanien
Länge:	20 bis 30 cm, je nach Rasse
Gewicht:	1 bis 1,5 kg, je nach Rasse
Felllänge:	kurz- oder langhaarig
Fellfarbe:	schwarz, braun, rot, weiß
Lebenserwartung:	8 bis 10 Jahre
Geschlechtsreife:	mit 12 Wochen
Ausgewachsen:	mit 6 bis 12 Monaten, je nach Zwergkaninchen-Rasse
Zähne:	16 Zähne im Oberkiefer und 12 Zähne im Unterkiefer
Wurfgröße:	4 bis 6 Jungtiere
Tragzeit:	28 bis 33 Tage, bis die Jungen geboren werden

Meine Zwergkaninchen

Name: _____

Gewicht: _____

Länge: _____

Rasse: _____

Fellfarbe: _____

Mach mit!

Hier kannst du einen Steckbrief für deine eigenen Kaninchen eintragen.

Stopp!
Schon gewusst?

Junge oder Mädchen?
Bei jungen Kaninchen ist es nicht einfach, das Geschlecht zu bestimmen. Du kannst einen erfahrenen Zoohändler oder Tierarzt fragen. Es ist wichtig zu wissen, ob deine Kaninchen Männchen, Weibchen oder gar ein Pärchen sind, sonst könntest du ganz schnell Nachwuchs bekommen.

Willst du wissen, wie groß und wie schwer dein Kaninchen ist? Setze es vor dich hin und lege einen aufgeklappten Meterstab daneben. Vielleicht musst du deinem Kaninchen etwas zu fressen geben, damit es nicht weghoppelt. Jetzt kannst du ganz leicht seine Länge von der Nase bis zum Po abmessen.

Bestimmt haben deine Eltern auch eine Küchenwaage. Setze dein Kaninchen mit etwas Futter in die Schüssel. Am besten polsterst du diese vorher mit einem Handtuch aus. Vergiss nicht, das Gewicht des Handtuches abzuziehen. Nun weißt du, wie schwer dein Kaninchen ist.

Das ist Familie Kaninchen

Mach mit!
Wie helfen deine
Kaninchen?
HIER ist Platz FÜR
ein Foto!

Stopp!
Schon gewusst?

Ganz groß!
Die größte Kaninchenrasse
heißt „Deutscher Riese".
Diese Riesenkaninchen
wiegen etwa 8 kg und sind
damit schwerer als eine
Hauskatze.

Löwenkopfzwerg

Rexzwerg

Zwergwidder

Farbenzwerg

Hermelin

Heutzutage sind Zwergkaninchen sehr beliebte Haustiere. Es gibt viele verschiedene Rassen, zum Beispiel Farbenzwerg, Rexzwerg oder Hermelin. Einige Rassen sind von Züchtern nicht anerkannt, wie die Teddyzwerge, Teddywidder und Löwenkopfzwerge. Auf Bauernhöfen leben Kaninchen, die oft „Stallhasen" genannt werden.

Als Kaninchenbesitzer solltest du wissen, wie sich Kaninchen von echten Hasen unterscheiden: Kaninchen leben in Kolonien und kommen blind zur Welt. Sie sind Nesthocker.
Hasen dagegen sind Einzelgänger und Nestflüchter. Sie haben längere Beine und längere Ohren als Kaninchen.

Zeichne
deine Kaninchen!

Meine Kaninchen-
Freunde

Meine Kaninchen heißen _____ ☐ Männchen / ☐ Weibchen

_____ ☐ Männchen / ☐ Weibchen

Ich habe meine Kaninchen am _____ bekommen.

Besondere Kennzeichen meiner Kaninchen sind: _____

Meine Kaninchen essen am liebsten: _____

Das mögen meine Kaninchen gern: _____

Und das mögen sie gar nicht: _____

Was für Geräusche machen **Fiep** **Knurr** meine Kaninchen: _____

Die meiste Zeit verbringen meine Kaninchen mit _____

Meine Kaninchen spielen am liebsten mit _____

Meine Kaninchen sind meine Freunde, weil _____

11

Auf ins Zoogeschäft

Alles, was du brauchst:

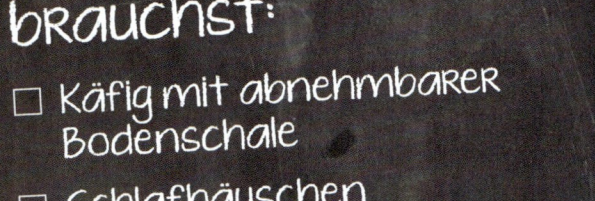

- ☐ Käfig mit abnehmbarer Bodenschale
- ☐ Schlafhäuschen
- ☐ Futternapf für Frischfutter
- ☐ Wassernapf oder Nippelflasche
- ☐ Turn-/Spielgeräte (Wurzelstücke, Rampen, Tonröhren)
- ☐ Nageholz
- ☐ Heuraufe (abgedeckt oder außen angebracht)
- ☐ Einstreu: Holzspäne, Hanfstreu oder Strohpellets
- ☐ Ziegelsteine

Mach mit!

Wie hast du dein
Kaninchengehege
eingerichtet?
Zeichne einen Plan!

Alles tipptopp!

Achte bei deinen Kaninchen immer auf ein sauberes Gehege. Ein ungeputztes Gehege riecht äußerst unangenehm. Außerdem kann es der Nährboden für gefährliche Keime sein, die deine Kaninchen krank machen. Wenn du dich an diesen Plan hältst, werden sich deine Freunde sehr wohl fühlen:

 Einstreu 1 x pro Woche wechseln.

 Gehegeboden 1 x pro Woche reinigen.

 Wasserschale jeden 2. Tag mit klarem Wasser spülen.

 Futterreste täglich entfernen.

 Futterschale täglich mit klarem Wasser ausspülen.

Die ersten Tage
mit meinen Kaninchen

1.

Unterhalte dich leise mit deinen Kaninchen, damit sie deine Stimme kennenlernen.

2.

Locke sie mit kleinen Obststücken an. Fasse sie aber noch nicht an, sonst erschrecken sie sich.

Stopp!
Schon gewusst?

Ein Kaninchen hochheben
Greife mit der einen Hand um die Brust und halte die Vorderpfoten, mit der anderen Hand die Hinterläufe. Jetzt kannst du den wilden „Zappler" sicher hochheben. Kaninchen fühlen sich auf dem Arm nicht sehr wohl. Trage es nur, wenn es unbedingt nötig ist.

Kaninchen sind vorsichtige Tiere. Sie werden anfangs noch scheu sein und sich schnell in ihren Häuschen verstecken, sobald du dich dem Käfig näherst. Gib ihnen Zeit, sich an dich zu gewöhnen, und halte zuerst noch etwas Abstand. Schon bald werden sie munter durch ihren Käfig hoppeln, fressen und sich putzen. Jetzt kannst du dich vorsichtig nähern, damit sie dich kennenlernen.

Es wird noch ein wenig dauern, bis ihr euch richtig angefreundet habt. Hier ein paar Tipps:

3.

Streichle sie erst, wenn sie aus deiner Hand fressen, und keine Angst mehr vor dir haben.

5.

Wenn deine Kaninchen richtig zutraulich geworden sind, kannst du dich auf den Boden setzen und sie vorsichtig auf deinen Schoß nehmen.

4.

Die Kaninchen müssen sich an deinen Geruch gewöhnen. Lass sie ausgiebig an dir schnuppern.

So wird mein Zimmer
kaninchensicher

Haben deine Kaninchen einen Lieblingsplatz in deinem Zimmer?

_____

_____

Kaninchen haben einen großen Bewegungsdrang. Sie sollten daher ihr Außengehege haben oder zumindest täglich Freilauf in deinem Zimmer bekommen. Dafür musst du dein Kinderzimmer allerdings „kaninchensicher" machen, damit deinen Lieblingen nichts passieren kann. Außerdem solltest du sie nie allein im Zimmer laufen lassen.

Es macht Spaß zu beobachten, wie die Tiere sich verhalten. Jedes Kaninchen hat so seine Eigenarten, wie wir Menschen auch. Die einen sind wilde Draufgänger, die anderen sind vorsichtig, und manche sind eher von der gemütlichen Sorte.
Leider klappt es nicht immer, dass Kaninchen stubenrein werden. Im Käfig verrichten sie ihr

Geschäft oft in einer „Kloecke". Probiere das auch in deinem Zimmer aus. Stelle eine flache Plastikschale mit gebrauchter Einstreu bereit. Belohne dein Kaninchen unbedingt mit einem Stück Obst, wenn es seine Toilette benutzt hat. Und falls es doch einmal daneben geht, sollte der Boden wenigstens leicht zu reinigen sein.

Achtung!

Kaninchen sind Nagetiere und machen auch vor Stromkabeln nicht Halt. Hier besteht Gefahr für Tier und Mensch! Schließe Türen und Schubladen, damit sich deine Kaninchen nicht verletzen oder einklemmen. Durch offene Balkon- und Terrassentüren könnten deine Kaninchen entkommen oder abstürzen. Zimmerpflanzen sind oft giftig. Entferne sie, bevor deine Kaninchen daran knabbern und krank werden.

Ausflug ins Grüne

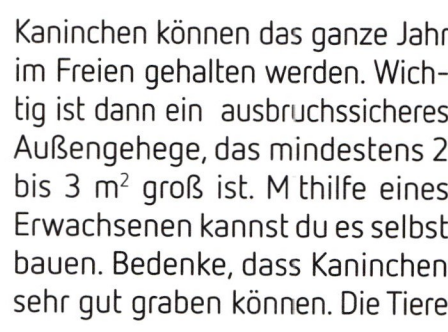

Kaninchen können das ganze Jahr im Freien gehalten werden. Wichtig ist dann ein ausbruchssicheres Außengehege, das mindestens 2 bis 3 m² groß ist. Mithilfe eines Erwachsenen kannst du es selbst bauen. Bedenke, dass Kaninchen sehr gut graben können. Die Tiere brauchen unbedingt eine gut isolierte, wetterfeste Schutzhütte, die jederzeit zugänglich ist. Auch eine wassergefüllte Tränke darf nicht fehlen. Wurzeln, Zweige, Steine und Unterschlüpfe machen dein Außengehege zu einem richtigen Gartenparadies!

Herbarium

Stopp!
Schon gewusst?

Schadstoffe!
Du solltest für deine Kaninchen nur Pflanzen pflücken, die weder an stark befahrenen Straßen stehen noch mit Spritzmitteln belastet sind.

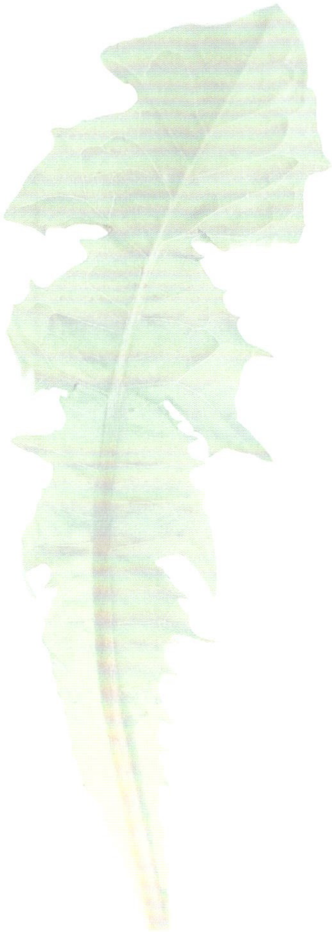

Mach mit!
Kaninchen lieben Kräuter! Presse folgende Pflanzen und klebe sie ein!

Löwenzahn

Gänseblümchen

Wegerich

Erdbeerblätter

Hirtentäschelkraut

Farn   Hahnenfuß   Maiglöckchen   Narzisse

Achtung!

Klee darf nur in kleinen Mengen gefüttert werden. Giftige Pflanzen wie zum Beispiel Maiglöckchen, Narzissen, Herbstzeitlose, Hahnenfuß, Lupinen, Farne sollten sich nicht im Bereich des Geheges befinden.

Kaninchen futtern ständig, vor allem viel Heu. Im Außengehege stehen ihnen Kräuter und Gräser zur Verfügung. Diese Pflanzennahrung brauchen Kaninchen für ihre Verdauung. Aber auch im Winter darf frisches Grünfutter wie zum Beispiel Küchenkräuter oder Möhrenkraut nicht fehlen.

Gemüse und Obst bringen das ganze Jahr über Abwechslung in den Futterplan und sorgen für ausreichend Vitamin C. Körnerfutter brauchen Kaninchen nur in Ausnahmefällen. Mit ein paar Ästen von Obstbäumen, Weide oder Haselnuss ist der Speiseplan perfekt.

Ran ans Futter

Am liebsten Gräser und Heu

Stopp!

Schon gewusst?

Den ganzen Tag hungrig
Kaninchen haben einen
„Stopfdarm". Nur wenn sie
ständig fressen, bleibt
ihre Verdauung in Gang.
Deshalb nimmt ein Ka-
ninchen bis zu 80 Mahl-
zeiten pro Tag zu sich.

Mach mit!

Was fressen deine
Kaninchen
am allerliebsten?
Male es auf!

Meine Kaninchen-
Speisekarte

stopp!
Schon gewusst?

Ungewohntes Futter und frisches Wasser

Neues Futter darfst du nur in kleinen Mengen füttern, damit deine Kaninchen sich daran gewöhnen. Achte darauf, dass in der Trinkflasche immer genug Wasser ist und wechsle es täglich. Sonst könnten sich darin Keime sammeln und deine Kaninchen werden krank. Manche Kaninchen bekommen aus der Nippelflasche nicht genug Wasser heraus, aus einem Wassernapf können sie besser trinken.

Achtung!

Das dürfen meine Kaninchen NICHT fressen: Rohe Kartoffeln und Bohnen, Weiß-, Rot-, Wirsing- und Rosenkohl, altes Brot, Süßigkeiten, Chips und Kuchen.

Mach mit!

So ernährst du deine Kaninchen gesund! Male das richtige Futter auf!

Frische Gräser oder Heu	Grünfutter	Obst und Gemüse
Ganz, ganz viel	2 x pro Tag eine große Schüssel	2 x pro Tag zwei Hand voll

Mini-Futtergarten
selbstgemacht

Tipp!

Möchtest du für deine Kaninchen einen kleinen Garten auf dem Fensterbrett oder Balkon anlegen? Dann können sie immer frisches Gras fressen, auch wenn sie kein Außengehege besitzen. So ein Mini-Futtergarten ist rasch gepflanzt.

Dafür brauchst du
Nur einen großen Blumentopf oder Balkonkasten und Katzengrassamen.

So wird´s gemacht
Fülle Erde in den Blumentopf und streue die Katzengrassamen darauf. Drücke die Samen leicht an und halte die Erde immer feucht. Nach einigen Wochen können deine Kaninchen leckeres Gras frisch aus dem Topf fressen. Wenn du den Topf noch bunt bemalen möchtest, achte darauf, dass die Farben für Tiere ungiftig sind.

Stecke Frischfutter in
eine Toilettenpapierrolle
und fülle beide Seiten
mit Heu auf.

Gefüllte Toilettenpapierrolle

Futterketten

Lecker

Fülle einen Karto
mit viel Heu und
verstecke darin
kleine Obst- und
Gemüsestückche

Mach mit!
Bastle lustige Futter-
verstecke, damit
deinen Kaninchen
nicht langweilig wird!

Fädle Obst- und Gemüse-
stücke auf einen Bastfaden.
Befestige die beiden Enden
des Fadens am Käfiggitter.

Mit dem Essen
spielt man doch!

Heu

Knabberroulade

Futterbaum

Rolle Karotten- oder Apfel-
stücke in Kohlrabi- oder
Chinakohlblätter ein und binde
die Roulade mit einem
Bastfaden zusammen.

Stecke einige Zweige in
die Löcher eines Ziegelsteins
und spieße Frischfutter auf
die Zweigenden.

Mach mit!

Baue Spielzeug für deine Kaninchen, damit sie sich nicht langweilen.

Hindernisparcours

Kaninchen freuen sich über Abwechslung. Baue ihnen einen Hindernisparcours in deinem Zimmer! Aus Zweigen, Kartons, Röhren, Brettchen, Blumentöpfen und Holzklötzen kannst du Treppen, Brücken, Wippen und Rampen basteln.

Buddelkiste

In der freien Natur graben Kaninchen gerne. Befülle einen Karton oder eine Holzkiste mit Naturmaterialien wie Sand, Heu, Erde, Rindenmulch oder trockenem Laub. Besonders spannend wird es, wenn du noch einige Leckereien versteckst. Und los geht das Buddeln!

Weitere Spielideen:

Karton-Häuser

Kaninchen verstecken sich gerne in Höhlen. Schneide Türen in einen unbedruckten Karton und befülle ihn mit Heu.

Versteck-Labyrinth

Verbinde Häuschen, Kartons oder Röhren zu einem Labyrinth, das Erkunden wird deinen Kaninchen gefallen.

Kaninchenspiele
selbst gemacht

Was spielen deine Kaninchen
am liebsten?

_____

_____

Rampe aus Holz
Vielleicht möchten deine Kaninchen gerne über eine Rampe auf ihr Schlafhaus
klettern. Du brauchst ein Brett aus un-
behandeltem Holz. Lehne es als Rampe
an das Haus — der Weg darf aber nicht
zu steil sein.

Pfoten-Erlebnispfad
Baue deinen Kaninchen doch einen
Pfoten-Erlebnispfad. Du kannst ihn aus
Rindenmulch, Erde, Sand, verschiedenen Steinen, Schotter, Laub, Stroh etc.
gestalten. Das wird ein tolles Erlebnis
für deine kleinen Freunde!

Zeit für Rätsel

Kaninchen-Labyrinth
Kaninchen Karli ist müde. Hilf ihm den Weg zu seinem Schlafhäuschen zu finden.

Kaninchen-Sudoku
Jedes Bild darf in einer Reihe, in einer Spalte und in einem Viererfeld jeweils nur einmal vorkommen. Schaffst du es, das Sudoku zu lösen?

Mach mit!
Kannst du die Rätsel lösen? Viel Spaß!

Kaninchen-Kreuzworträtsel

Hast du das Rätsel richtig gelöst, weißt du, wie sich Kaninchen bei Gefahr verhalten.

Hinweis:
Ä = AE
Ö = OE
Ü = UE

Oben senkrecht: KANINCHEN, ZAEHNE, SCHLAFHAUS, PFOTE. Unten senkrecht: BUERSTE, KAEFIG, NAPF.
Waagerecht: KAROTTE, APFEL, NIPPELFLASCHE, LOEWENZAHN, SALAT, HEU, GRAS.

Lösungswort

Stopp!
Schon gewusst?

Wie viele Zehen?
Betrachte die Pfoten deines Kaninchens beim Schmusen doch einmal genauer! Ist dir schon aufgefallen, dass Kaninchen fünf Zehen an den Vorderpfoten, aber nur vier Zehen an den Hinterpfoten haben?

Kuscheln und Schmusen

Achtung!

Ruhe bitte!
Kaninchen mögen keinen Krach, laute Musik und Geschrei. Du solltest ruhig mit ihnen umgehen und sie nicht erschrecken.

Kaninchen sind empfindliche Tiere. Du darfst daher nicht grob mit ihnen umgehen. Streichle sie vorsichtig am Rücken mit der flachen Hand in Fellrichtung. Vielleicht gefällt es deinen Kaninchen, wenn du sie zwischen den Ohren kraulst. Jedes Tier reagiert auf Berührungen anders.

Nach und nach wirst du herausfinden, was deine Lieblinge mögen. Manchmal wollen Kaninchen in Ruhe gelassen werden. Dann sträuben sie sich, fauchen oder klopfen mit den Hinterläufen. Das ist ihre Sprache und bedeutet, dass sie sich bedrängt fühlen. Nimm darauf Rücksicht!

Verstehst du die
Kaninchensprache?

Fiep

Fauch

Murks

Knirsch

Quietsch

Was bedeuten die verschiedenen Laute?

Mahlende Geräusche
„Alles ist gut.
Ich bin zufrieden."

Lautes Quietschen
„Hilfe, Gefahr!
Ich habe Angst."

Fiepen
„Ich fühle mich verlassen."

Murksende Laute
„Das passt mir nicht."

Starkes Zähneknirschen
„Aua! Das tut mir weh!"

Knurren, Fauchen
„Vorsicht, ich warne dich!
Ich bin wütend."

Kaninchen leben in der freien Natur in Gruppen zusammen. Damit sie sich untereinander verständigen können, besitzen Kaninchen eine eigene Sprache. Diese besteht aus vielen verschiedenen Lauten, aber auch aus bestimmten Bewegungen. Beobachte deine Kaninchen genau, dann wirst du sie jeden Tag besser verstehen und dich richtig verhalten.

Was machen deine Kaninchen, wenn du ins Zimmer kommst?

_____

_____

_____

Was erschreckt deine Kaninchen?

_____

_____

_____

Was sind typische Geräusche deiner Kaninchen?

_____

_____

_____

Mach mit!
Wie verständigen sich deine Kaninchen? Hier kannst du es eintragen!

Was bedeutet die Körpersprache?

Hinterläufe klopfen auf den Boden
„Ich bin total aufgeregt."

Flach auf den Boden legen
„Ich habe furchtbare Angst!"

Luftsprünge, Sprints
„Ich fühle mich wohl und habe Spaß!"

Männchen machen
„Was ist hier los? Gibt´s was zu sehen?"

Flüchten, Hakenschlagen
„Hilfe! Weg hier! Gefahr!"

Ohren anlegen, angespannter Körper
„Vorsicht! Lass mich in Ruhe."

Kaninchen pflegen

Diese Krallen sind zu lang!

Zähne regelmäßig kontrollieren!

Apfel ☐

Birne ☐

Kirsche ☐

Haselnuss ☐

Johannisbeere ☐

Mach mit! Welche Äste zerknabbern deine Kaninchen am schnellsten? Kreuze die Gehölzart an.

Krallenschneiden

Bei wilden Kaninchen nutzen sich die Krallen ständig ab und bleiben kurz. Bei Käfighaltung ist dies oft nicht der Fall und die Krallen werden zu lang. Dann müssen sie geschnitten werden, sonst stören sie beim Laufen. Das Krallenschneiden sollte ein Tierarzt oder deine Eltern übernehmen.

Zahnpflege

Die Zähne eines Kaninchens wachsen jeden Monat mehrere Millimeter. Werden die Zähne zu lang, kann das Kaninchen nicht mehr richtig fressen. Du solltest ihm daher immer frische Äste in den Käfig legen. Durch das Nagen wetzen sich die Zähne ab und bleiben gesund.

Tipp!

Kaninchen pflegen ihr Fell mehrmals am Tag mithilfe ihrer Vorderpfoten und der Zunge. Haben sie ein normal langes Fell, solltest du sie einmal pro Woche bürsten. Bei Langhaarkaninchen verfilzt das Fell leicht. Bürste sie daher täglich.

Sind deine Kaninchen viel im Freien, musst du sie regelmäßig auf Zecken, Milben und Flöhe untersuchen.

So wird´s gemacht
Setze dein Kaninchen beim Bürsten auf ein helles Tuch, dann siehst du, ob Plagegeister herausfallen. Falls sich Zecken bereits festgesaugt haben, sollte ein Erwachsener dir helfen, diese zu entfernen.

Mit allen Sinnen

Mach mit!

Teste doch mal, wie gut die Sinne deines Kaninchens sind!

Die Augen des Kaninchens sitzen seitlich am Kopf. So können sie alles rundherum überblicken. Kaninchen können im Dunkeln gut sehen, das Sonnenlicht ist ihnen zu hell. Vermutlich können Kaninchen nur die Farben Rot und Grün unterscheiden.

Stopp!

Schon gewusst?

Die Tasthaare
Die Tasthaare helfen dem Kaninchen, Höhleneingänge in der richtigen Größe zu finden. Du darfst die Tasthaare daher niemals kürzen.

Sehen

Schmecken

Wilde Kaninchen haben zahlreiche Fressfeinde. Deshalb verhalten sie sich sehr vorsichtig und suchen rasch Schutz in ihrem unterirdischen Bau.
Um Gefahren schnell zu erkennen, sind ihre Sinne bestens ausgebildet. Auch unsere Hauskaninchen können noch ausgesprochen gut riechen, hören und schmecken — obwohl es bei ihnen nicht mehr so lebensnotwendig ist wie bei ihren wilden Verwandten.

Genau wie wir Menschen hat auch jedes Kaninchen ein „Leibgericht". Lege eine Auswahl an Obst und Gemüse bereit und trage in einer Rangliste von 1 bis 5 ein, was deine Kaninchen am liebsten mögen.

- [ ] Apfel
- [ ] Gurke
- [ ] geschälte Grapefruit
- [ ] Löwenzahn
- [ ] Leckerei deiner Wahl

Hören

Riechen

Kaninchen haben ein besonders feines Näschen. Sie verständigen sich daher durch Duftbotschaften. Ihr Geruchssinn hilft ihnen auch, ein fremdes Revier rasch zu erkennen. Baue aus Kartons und Holz ein Labyrinth und verstecke Futter darin. Wie lange brauchen deine Kaninchen, um die Leckerei zu finden?

Name _____ Sekunden

Name _____ Sekunden

Achtung!

Bitte immer achtsam!
Du darfst ein Kaninchen nie unvorbereitet von oben packen. Es könnte glauben, dass es von einem Greifvogel ergriffen wird und hätte Todesangst. Nähere dich immer langsam von vorne und vermeide hastige Bewegungen.

Kaninchen können ihre Löffelohren unabhängig voneinander in alle Richtungen bewegen. Sie hören außerordentlich gut und unterscheiden vertraute Menschen allein an ihren Schritten von Fremden. Wie reagieren deine Kaninchen, wenn du oder Unbekannte zum Käfig kommen?

_____

_____

_____

Tasten

Die empfindlichen Tasthaare helfen dem Kaninchen bei der Orientierung. Durch sie findet sich das Kaninchen sogar im Dunkeln zurecht. Probier´s einmal aus:

_____

☐ Mein Kaninchen bewegt sich sicher durch das dunkle Zimmer.

☐ Mein Kaninchen stößt im Dunkeln gegen Möbel und findet den Weg nicht.

39

Mein Tierarzt:

_____

_____

_____

Gesund oder krank?

Täglicher Gesundheits-Check
Deine Kaninchen können leider auch einmal krank werden – trotz deiner guten Pflege. Da sich deine Lieblinge dann meist zurückziehen, ist es oft schwer herauszufinden, was ihnen fehlt. Aber inzwischen kennst du deine kleinen Freunde gut und Veränderungen an ihrem Aussehen und Verhalten werden dir auffallen. Beim Kuscheln solltest du deine Kaninchen täglich auf Krankheitszeichen untersuchen. Wenn irgendetwas nicht stimmt, kann dir dein Tierarzt sicher helfen.

Stopp!
Schon gewusst?

Impfung!
Es gibt drei wichtige Impfungen, die deine Kaninchen vor lebensgefährlichen Krankheiten schützen. Lass dich von deinem Tierarzt beraten.

Mach mit!
Dein Kaninchen verhält sich auffällig? Ist es krank? Kreuze Zutreffendes an!

Darauf musst du achten:	Gesund		Krank	
Verhalten	munter, aufmerksam	☐	ruhig, lustlos	☐
Augen	klar, glänzend	☐	entzündet, verklebt	☐
Nase	sauber, trocken	☐	häufiges Niesen, Ausfluss	☐
Fell	glänzend, sauber	☐	ohne Glanz, kahle Stellen	☐
Hinterteil	sauber	☐	kotverschmiert	☐
Appetit	kommt zur Fütterung, isst regelmäßig	☐	isst kaum, verliert Gewicht	☐
Kot	normal geformt	☐	Köttelketten oder Durchfall	☐

Bist du ein Kaninchen-Experte?

1. Wie alt können Kaninchen werden?

a) ☐ 3 bis 5 Jahre

b) ☐ 16 bis 20 Jahre

c) ☐ 7 bis 11 Jahre

2. Welches Futter kann bei Kaninchen Bauchschmerzen verursachen?

a) ☐ Salat und Karotte

b) ☐ Kohl und Klee

c) ☐ Heu und Gurke

3. Wo steht der Kaninchenkäfig richtig?

a) ☐ Direkt neben der Stereoanlage

b) ☐ Am Fenster in der Sonne

c) ☐ In einer ruhigen Zimmerecke

4. Wie häufig mache ich den Käfig sauber?

a) ☐ Einmal pro Woche

b) ☐ Einmal im Monat

c) ☐ Wenn ich Lust dazu habe

5. Die Zähne des Kaninchens wachsen ständig nach. Welches Futter ist besonders geeignet, um die Zähne auf natürliche Weise abzunutzen?

a) ☐ Karotten und Kohlrabi

b) ☐ Zweige von Obstbäumen

c) ☐ Knusperkekse

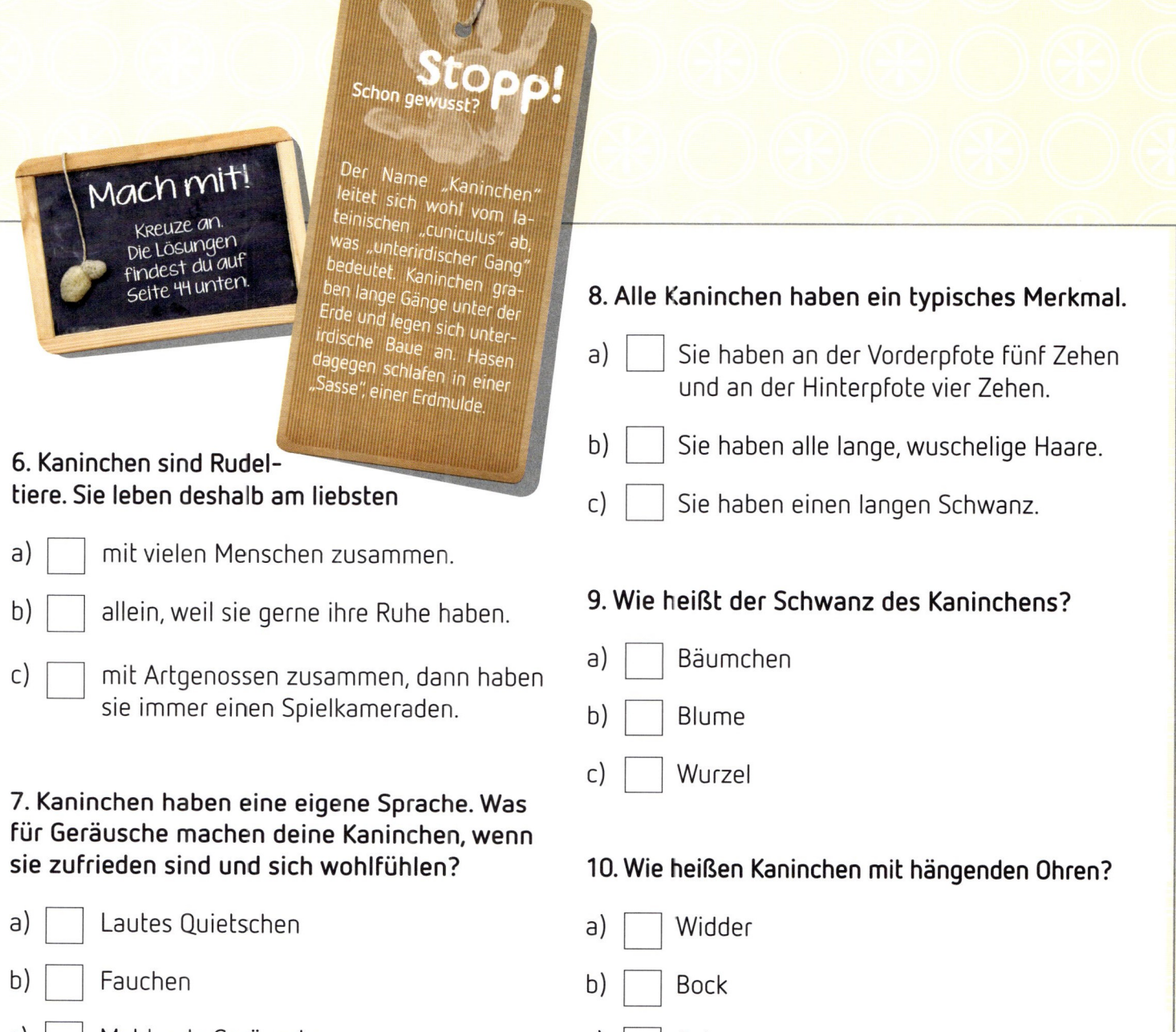

Mach mit!

Kreuze an. Die Lösungen findest du auf Seite 44 unten.

Stopp!
Schon gewusst?

Der Name „Kaninchen" leitet sich wohl vom lateinischen „cuniculus" ab, was „unterirdischer Gang" bedeutet. Kaninchen graben lange Gänge unter der Erde und legen sich unterirdische Baue an. Hasen dagegen schlafen in einer „Sasse", einer Erdmulde.

6. Kaninchen sind Rudeltiere. Sie leben deshalb am liebsten

a) ☐ mit vielen Menschen zusammen.

b) ☐ allein, weil sie gerne ihre Ruhe haben.

c) ☐ mit Artgenossen zusammen, dann haben sie immer einen Spielkameraden.

7. Kaninchen haben eine eigene Sprache. Was für Geräusche machen deine Kaninchen, wenn sie zufrieden sind und sich wohlfühlen?

a) ☐ Lautes Quietschen

b) ☐ Fauchen

c) ☐ Mahlende Geräusche

8. Alle Kaninchen haben ein typisches Merkmal.

a) ☐ Sie haben an der Vorderpfote fünf Zehen und an der Hinterpfote vier Zehen.

b) ☐ Sie haben alle lange, wuschelige Haare.

c) ☐ Sie haben einen langen Schwanz.

9. Wie heißt der Schwanz des Kaninchens?

a) ☐ Bäumchen

b) ☐ Blume

c) ☐ Wurzel

10. Wie heißen Kaninchen mit hängenden Ohren?

a) ☐ Widder

b) ☐ Bock

c) ☐ Ochse

9 bis 10 richtige Antworten:

Großartig! Du bist ein Kaninchen-Kenner!

Wenn es um deine Kaninchen geht, bist du ein wahrer Experte. Deine Lieblinge sind bei dir in besten Händen. Du bist ein richtig guter Kaninchen-Freund.

6 bis 8 richtige Antworten:

Toll! Du kennst dich schon gut aus!

Deine Kaninchen sind bei dir gut aufgehoben. Du pflegst sie sorgfältig und es fehlt ihnen an nichts. Du bist auf dem besten Wege, dich zu einem Spezialisten für Kaninchen zu entwickeln.

0 bis 5 richtige Antworten:

Versuch es noch einmal!

Du hast über die richtigen Lösungen nachgedacht und sogar in einigen Kapiteln im Buch nachgelesen? Prima! Jetzt weißt du bestimmt schon viel besser über deine Kaninchen Bescheid und wirst dich gut um sie kümmern.

Lösungen: 1c, 2b, 3c, 4a, 5b, 6c, 7c, 8a, 9b, 10a

Dein Türanhänger

zum Ausschneiden

Mach mit!
Schneide das Türschild aus und hänge es mit der passenden Seite an deine Türklinke.

Wenn deine Kaninchen frei im Kinderzimmer laufen, sollte niemand hereinkommen oder die Tür nur sehr vorsichtig geöffnet werden. Deine kleinen Freunde könnten dir sonst entwischen oder verletzt werden.

Mit diesem Türschild kann deinen Lieblingen nichts mehr passieren. Jetzt weiß dein Besuch immer Bescheid, ob deine Kaninchen gerade unterwegs sind oder im Käfig.

Achtung!

Freilaufende Kaninchen!

Komm herein!

Kaninchen im Käfig!